INHALT

NLP für Anfänger:
Unterbewusstsein manipulieren und umprogrammieren - Erfolg, Motivation und Ziele erreichen durch Manipulation! NLP einfach erklärt

Autor - Tim Robbins

Sie haben sicherlich schon einmal den Begriff NLP gehört. Wissen Sie aber eigentlich auch, wofür diese Bezeichnung steht?

Die meisten unter Ihnen bestimmt, doch es gibt immer wieder neue Leute, die sich für das NLP interessieren und daher sehe ich dies als eine Pflicht an, es auch diesen Menschen so einfach wie möglich zu erklären. Das NLP steht für Neuro-Linguistisches Programmieren. Soweit so gut.

Das NLP hat es sich zur Aufgabe gemacht, dem Menschen dabei behilflich zu sein, nicht nur besser mit seiner Umwelt zu kommunizieren, sondern auch mit sich selbst.

Dabei greift das NLP auf verschiedene Methoden und Techniken zurück, um seine volle Wirkung zu entfalten.

Es ist wichtig, dass wir nicht nur unsere Mitmenschen besser verstehen, sondern auch uns selbst. Erst dann sind wir auch in der Lage, bestimmte Verhaltensweisen besser zu verstehen und werden umso mehr verstehen, weshalb wir mit anderen zusammen sind und mit anderen eher weniger.

Wir Menschen kommunizieren alle, doch nicht alle auf die selbe Weise und daher kommt es immer wieder zu diversen Missverständnissen.

Wenn Sie in Zukunft solche unvorteilhaften Situationen vermeiden möchten, dann sollten Sie sich intensiver mit dem NLP befassen. Es kann für Sie sehr lehrreich werden.
Dieses Buch soll Ihnen daher als kleiner Einstieg dienen. Ich möchte Sie auch nicht weiter nerven und komme daher auch gleich zur Sache!

Bei der Kommunikation sind unser Gehirn, unsere Sprache und auch unser Körper entscheidend beteiligt.
Das Zusammenspiel dieser drei Komponenten bringt entweder ein effektives oder ein ineffektives Verhalten hervor.

Das ist auch der Grund, weshalb das NLP seinen Namen bekam. Neuro steht im Zusammenhang mit dem Gehirn und die Linguistik für die Sprache.
Die verschiedenen Techniken entstammen aus zahlreichen Beobachtungen von Experten aus verschiedensten Bereichen der professionellen Kommunikationen.

Experten aus dem Wirtschaftssektor, aus dem Rechtswesen, Pädagogen und auch Hypnotiseure haben Ihren Anteil an der Entwicklung des NLPs.
Es gibt acht unterschiedliche Glaubenssätze, auf die sich dieses System stützt.
Diese Annahmen sind jedoch nicht gänzlich

verifiziert worden. Trotzdem stellen sie
wichtige Eckpfeiler dar.

Sie werden beim ersten Beispiel genau
verstehen, was ich damit meine. Dieser
Glaubenssatz besagt nämlich, dass alle
Menschen nicht auf ihre äußere Realität
reagieren, sondern auf subjektive Abbildungen
der Wirklichkeit.
Das bedeutet, dass wir Menschen nur schwer
die Traumwelt mit der Realität unterscheiden
können.

In dem Fall ist das so, dass kein Mensch in
der Lage ist, tatsächlich sagen zu können,
was denn nun die Realität ist.
Nur wir selbst haben die volle Kontrolle
darüber, was wir empfinden möchten und
während einer Situation wahrnehmen.

Es gibt natürlich trotzdem die abstrakte
Realität, wo ein Baum weiterhin ein Baum ist.
Doch jeder einzelne von uns nimmt diesen
Baum unterschiedlich wahr.
Der eine würde ihn eher als hässlich
bezeichnen, der andere wieder majestätisch

und ein anderer wiederum einfach nur groß.

Seien Sie sich dieser Tatsache bewusst: Sie haben die meiste Zeit die Kontrolle über Ihre eigenen Empfindungen und sind nicht das Opfer Ihrer Umwelt.

Wenn Ihnen etwas zustößt, dann sind nur Sie allein dafür verantwortlich, wie Sie mit dieser Situation umgehen möchten. Sie können sich entweder Ihren Gedanken ergeben, oder nach einer Lösungsmöglichkeit suchen. Am Ende wird dies auch Ihre Realität sein.

Der zweite Glaubenssatz besagt, dass man den Geist und den Körper nicht voneinander trennen darf, da sich beide gegenseitig beeinflussen.
Damit ist gemeint, dass das Handeln das Denken signifikant beeinflusst. Aber auch anders herum kann das Denken das Handeln entsprechend beeinflussen.

Sie haben solche Erfahrungen bereits auch machen dürfen. Wenn Sie sehr lange über eine Sache nachgedacht haben, dann kamen

Sie gar nicht drum herum, diesen Gedanken auch in die Tat umzusetzen.

Dieser Glaubenssatz hat genau wie der erste seine Daseinsberechtigung verdient, da bereits im alten Asien die Mediziner felsenfest davon ausgingen, dass man sowohl den Körper, als auch den Geist gemeinsam behandeln musste.

Der dritte Glaubenssatz geht da in eine andere Richtung.
Dieser spricht an, dass es wichtig ist, unterschiedliche Möglichkeiten zu haben, sich entsprechend zu verhalten.
Das System wird nämlich von dem Element kontrolliert, dass sich am flexibelsten verhält.
Das bedeutet auch, dass Sie Gegenteiliges nicht direkt ausschließen sollten.
Wenn Sie sich zu einer Sache entschieden haben, dann haben Sie sich einer nützlichen Option beraubt, vergessen Sie das nicht.

Der vierte Glaubenssatz, basiert darauf, dass jeder Mensch immer versucht, die beste Wahl zu treffen. Das tut er aufgrund der

Informationen, die ihm zur Verfügung stehen.
Für einen mag es die perfekte Entscheidung
sein, für jemand anderes jedoch nicht. Das
kommt immer ganz darauf an, welche
Informationen enthalten wurden.

Der fünfte Glaubenssatz dürfte dem ein oder
anderen Leser nicht gefallen, doch auch an
ihm ist was Wahres dran.
Es wird nämlich davon ausgegangen, dass
jedem Verhalten eine positive Absicht zu
Grunde liegt. So, dass das Verhalten
zumindest im Kontext als nützlich erscheint.
Oft tun wir nämlich Dinge nur aufgrund von
bestimmten Informationen und denken dann
anschließend, sie wären gut. Später kann sich
jedoch herausstellen, dass sie aus einem
anderen Blickwinkel betrachtet nicht mehr so
gut erscheinen.
Es liegt daher an der Perspektive, aus dem
ein Verhalten entstanden ist.

Der sechste Glaubenssatz besagt, dass das
Ergebnis von Kommunikation ein Feedback
ist, welcher jeder Einzelne von uns bekommt.
Es gibt hierbei kein Richtig oder Falsch, kein

Versagen oder Scheitern.
Es gibt keine fehlerhafte Kommunikation,
denn was jemand sagt, kann nicht als falsch
oder richtig bewertet werden. Es ist nur ein
Feedback auf das, was jemand anderes
gesagt hat.

Der siebte Glaubenssatz wird oft von
Motivationstrainern genutzt. Dort heißt es
nämlich, dass wenn ein Mensch etwas
erreicht hat, dass es dann niemanden gibt,
der es nicht auch schaffen kann.
Das bedeutet nicht, dass verglichen wird, in
welchem Zeitraum die Personen ihre
jeweiligen Erfolge erzielt haben. Es wird
lediglich davon ausgegangen, dass jeder
Mensch die Fähigkeit besitzt, dieselben Dinge
zu lernen und zu erreichen.
Hierbei muss ich sagen, dass dieser
Glaubenssatz zwar seine Richtigkeit hat, es
dennoch von vielen falsch verstanden werden
kann.

Jemand, der beispielsweise nur 1,70 Meter
groß ist und sehr gerne Basketball spielen
will, wird es wahrscheinlich nicht zu einem

sehr großen Basketballspieler bringen, da die meisten Basketballer um die 2 Meter groß sind. Also physische Grenzen sind hier gesetzt. Dennoch gilt, auch im Basketball, dass sich immer wieder neue Möglichkeiten ergeben, an den anderen Gegenüber aufzuschließen.
So ist es im Basketball beispielsweise so, dass es auch immer mehr „kleinwüchsige" Menschen schaffen, in diesem Sport Fuß zu fassen.

Der achte Glaubenssatz ist einer derjenigen gewesen, der mich dazu ermutigt hat, mein Leben von Grund auf zu ändern. Dieser besagt, dass jeder Einzelne von uns die nötigen Ressourcen besitzt, um Veränderungen im eigenen Leben vorzunehmen.
Dem sehr bekannten Satz „Ich bin so wie ich bin, ich kann mich nicht ändern.", wird so die Kraft entnommen und wir erhalten wieder die volle Macht über unser eigenes Leben.
Wir sind nicht mehr Spielball von irgendwelchen Schicksalen, sondern sind selbstbestimmt und haben die Möglichkeit,

etwas an unserem Verhalten zu ändern,
solange wir es wirklich nur wollen.

Wer die Techniken des NLPs anwenden
möchten, der muss mit diesen
Glaubenssätzen konform gehen.
Sie sind zwar nicht in Blei gegossen, und
können ergänzt oder verändert werden, doch
diese zu leugnen oder zu ignorieren, wäre
fatal.
Mithilfe des NLPs können Sie unerwünschte
Verhaltensweisen zum Guten verändern, Ihre
Kommunikation mit sich und Ihren
Mitmenschen verbessern und Sie können Ihre
Einstellung nach Belieben zum Guten
wandeln.
Das Anwenden der jeweiligen Techniken soll
Ihnen dabei behilflich sein, das Leben zu
leben, mit dem Sie glücklich und zufrieden
sind.

Das NLP lehrt uns, dass wir nicht nur unsere eigene Wahrnehmung haben, sondern auch jeder andere Mensch seine eigene Wahrnehmung von der Welt hat. Wir dürfen nicht dem Glauben verfallen, dass die eine Seite im Recht ist und die andere Seite falsch liegt.

Ihre eigene Wahrnehmung beruht lediglich aus Ihren Erfahrungen aus der Vergangenheit. Da jeder von uns seine ganz eigene Vorgeschichte hat, ist es daher naheliegend, dass auch jeder von uns seine ganz eigene Sicht auf die Welt hat.

Ein Mensch in Ihrer aktuellen Situation würde wahrscheinlich anders reagieren, wie Sie es getan haben und das nur aufgrund unterschiedlicher Wahrnehmungen. Eine gute Entscheidung kann auch hier für jeden etwas ganz anderes bedeuten.

Was alle Entscheidungen gemein haben, ist,

dass man diese im Nachhinein nicht bereuen möchte und man alles Wichtige berücksichtigt hat.
Auch wenn jeder Mensch das Recht darauf hat, eine persönliche Wahrnehmung zu besitzen, so unterscheiden sich die verschiedenen Wahrnehmungen im Hinblick auf ihre Nützlichkeit.

Diese Erkenntnis offenbart sich vor allem dann, wenn Sie ein bestimmtes Ziel erreichen möchten.
Vielleicht sehen Sie Ihr Ziel als unüberwindbar an, und das nur aufgrund Ihrer eigenen Wahrnehmung. Ein anderer hingegen, der in seiner Vergangenheit bereits mehrere solcher Ziele und viel Schwierigere gemeistert hat, ist so von seiner Wahrnehmung geprägt, dass das Ziel für ihn kein Problem darstellt.

Bestimmte Prinzipien und Überzeugungen eignen sich besser dazu, ein bestimmtes Ziel zu verfolgen als andere.
Doch das ist nicht weiter schlimm. Wir haben zu jeder Zeit unseres Lebens die volle Kontrolle über uns und unsere Wahrnehmung

und können daher entsprechende Korrekturen vornehmen.
Das ist besonders dann sehr hilfreich, wenn Sie merken, dass Ihre eigene Wahrnehmung Sie eher hindert, statt fördert.

Wenn Sie nun diese Haltung akzeptiert haben, dass jeder Mensch seine eigene Wahrnehmung besitzt, dann werden Sie auch verstehen, weshalb jeder von uns auch seine ganz eigene Definition von „sein Bestes geben" hat, als andere.
Jeder von uns hat aufgrund seiner Vergangenheit, in der man bestimmte Erfahrungen sammeln konnte, verschiedene Verhaltensweisen übernommen, von denen man denkt, dass sie nützlich und gut seien.

Jeder hat andere Vorbilder und wenn wir der Meinung sind, dass sie gut mit ihrem Leben zurechtkommen, dann ahmen wir diese Menschen auch nach, weil wir ebenfalls das Ziel verfolgen, in Leben gut zurechtkommen zu wollen.
Doch manchmal sind wir so sehr von unseren Erfahrungen und unserer Vergangenheit

beeinflusst, dass wir das Ganze nicht mehr
aus einer objektiven Perspektive aus
betrachten können und dann Dinge für
nützlich erachten, die eigentlich schädlich sind
und Chancen verpassen, weil wir annehmen,
dass diese schlecht seien.
Doch genau in diesen Momenten können wir
gar nicht anders handeln, weil wir es nicht
anders gelernt haben.

Aufgrund der gemachten Erfahrungen
nehmen wir an, dass ein bestimmtes
Verhalten gut für uns sei. Dieselbe
Verhaltensweise kann aber bei anderen
Menschen etwas ganz anderes erwecken.
Diese könnten meinen, dass es
selbstzerstörerisch von uns sei, doch das
auch nur deshalb, weil sie unsere wahren
Absichten nicht kennen.

Wir können uns selbst gegenüber ein solches
Verhalten rechtfertigen, weil wir den noblen
Sinn dahinter sehen, welcher anderen
verborgen bleibt. Das kann manchmal auch
schlimm enden.
Daher ist es gut, jedes Verhalten, welches Sie

an den Tag legen, zu überprüfen und
herauszufinden, welche wahren Absichten
dahinterstecken. Was bringt Sie dazu, auf
ganz bestimmte Art und Weise zu handeln?

Dadurch dass sich unser Körper und unser
Geist sich gegenseitig beeinflussen, können
wir auch durch eine Veränderung unserer
Körperhaltung unsere Gefühle beeinflussen.
Tony Robbins, einer der erfolgreichen NLP-
Coaches sagt diesbezüglich: „Motion creates
emotion!". Genauso aber auch umgekehrt:
unsere Gefühle und Gedanken können durch
unsere Körperhaltung verändert werden. Auch
unser Immunsystem ist von unseren
Gedanken abhängig.
Haben wir beispielsweise positive Gedanken,
so arbeitet unser Immunsystem auch besser,
als wenn wir schlechte Laune und demnach
negative Gedanken haben.

Sie können keinen einzigen Gedanken
denken, ohne dass dieser einen direkten
Einfluss auf Ihren Körper hat. Genauso
können Sie keine Bewegung machen, die Ihre
Gedanken nicht beeinflusst, egal ob bewusst

oder unbewusst.

Jeder von uns hat Probleme. Das NLP geht allerdings weiter und sagt, dass jeder von uns die entscheidenden Mittel besitzt, um die Lösung für unsere Probleme zu finden.
Oft können wir mithilfe von Erfahrungen, Wissen, Erinnerungen oder Bildern Probleme, die wir haben, lösen. Diese haben wir in uns, doch manchmal ist es uns nicht möglich, diese erfolgreich zu nutzen. Deshalb geht es darum, die Ressourcen für die Lösung unserer Probleme verfügbar zu machen. Wenn wir diese bereits haben, dann müssen wir sie nur noch nutzen, um mit unseren Problemen fertig zu werden.

Wenn wir uns noch einmal vor Augen führen, dass jeder Mensch eine andere Wahrnehmung besitzt, dann ist es auch naheliegend, dass verschiedene Methoden für unterschiedliche Menschen anders funktionieren.
Es kann sein, dass Sie eine bestimmte Methode anwenden, um Ihre Ziele zu erreichen, es aber nicht klappt. Das liegt dann

nicht an der Methode selbst, weil diese für jemand anderes sehr hilfreich sein kann, sondern vielmehr an Ihnen, da Sie die falsche Methode für sich selbst ausgewählt haben.

Wenn dies der Fall ist, dann müssen Sie einfach weitere Methoden ausprobieren. Sie können Ihre Methode so lange ändern, bis Sie die richtige für sich selbst gefunden haben. Es gibt also keine Zauberformel, die dafür sorgt, dass jeder Mensch erfolgreich wird. Jeder benötigt seine eigenen Werkzeuge.

Es ist immer gut, mehr als nur eine Option zu haben. Wenn Sie mehrere Möglichkeiten zur Auswahl haben, dann ist die Wahrscheinlichkeit ziemlich hoch, dass Sie Ihr Ziel erreichen oder dass die gewünschten Resultate bald eintreten werden.
Wenn Sie nur eine einzige Möglichkeit zur Auswahl haben, dann kann es schnell passieren, dass Sie so in eine Sackgasse gelangen.

Es kommt oft vor, dass eine Variante nicht funktioniert und wir uns schnell umentscheiden müssen, um eine andere Alternative zu ergreifen. Wenn Sie aber von Beginn an mehrere Möglichkeiten vor Augen haben, dann werden Sie auch keine Angst verspüren, wenn Sie sich einmal einen Fehltritt geleistet haben.

Wer einen weiten Blick hat, anstatt Scheuklappen zu tragen, der kommt fast immer schneller ans Ziel, weil er so viele Möglichkeiten hat, dass er eigentlich nicht versagen kann.

Sinne, die unsere Wahrnehmung prägen

Wenn wir von unseren fünf Sinnen sprechen, dann meinen wir im Grunde das Sehen, Hören, Schmecken, Riechen und Fühlen. Mit diesen Sinnen nehmen wir unsere Umwelt wahr und speichern Informationen ab.
Dinge, die wir mit unserem Sehsinn wahrnehmen, werden als Bild abgespeichert. Dinge die wir hören, werden als Töne gespeichert, etwas, das wir riechen als Geruch, und etwas, was schmeckt wieder als Geschmack. Das, was wir fühlen können als Gefühl.

Unsere Erinnerungen sind eng mit unseren Sinnen verflochten. Wie wir uns an etwas erinnern, wird auch davon bestimmt, welchen unserer Sinne wir am liebsten nutzen.
Wenn Sie sich also an Dinge aus der Vergangenheit zurückerinnern, dann kann es sein, dass Ihnen zuerst ein Bild vor Augen erscheint.

Es kann aber auch sein, dass Sie erst ein
bestimmtes Gefühl verspüren, einen Geruch
wahrnehmen oder eine bestimmte Klangfarbe
hören.

Die Bewegung unserer Augen gibt Aufschluss
darüber, wie wir uns erinnern.
Das wiederum bedeutet, dass unsere sich in
verschiedene Richtungen bewegen und je
nachdem, wie wir uns an etwas erinnern.
Wenn Sie ein bestimmtes Bild vor Augen
haben, dann schauen Ihre Augen nach oben.
Wenn Sie mit sich selbst sprechen, dann
bewegen sich Ihre Augen eher nach unten.

Wenn Sie versuchen, sich an eine bestimmte
Klangfarbe zu erinnern, dann gehen die
Augen automatisch einen Schritt zurück.
Wenn Sie jemanden aufmerksam beobachten,
dann können Sie bei seinem
Erinnerungsprozess erkennen, welchen Sinn
er gerade nutzt.

Durch verschiedene Übungen können Sie
auch Ihre eigene Wahrnehmung durch Ihre
Sinne stärken.

Sie können dafür an eine bestimmte Situation
aus der Vergangenheit denken und nach und
nach alle fünf Sinne nutzen.
Zuerst überlegen Sie sich, wie es aussah,
dann, was Sie genau gehört haben, wie es
gerochen hat wie es geschmeckt hat und was
Sie dabei gefühlt haben.

Wenn Sie dazu die richtigen
Augenbewegungen machen, dann helfen Sie
sich selbst noch besser dabei, sich
zurückzuerinnern. Schauen Sie nach oben
rechts, dann konzentrieren Sie sich auf etwas,
was Sie noch nie gesehen haben, damit
setzen Sie also Ihre Fantasie ein. Stehen Ihre
Augen in der Mitte links, dann erinnern Sie
sich an etwas, was Sie bereits schon einmal
gehört haben.

Stehen Ihre Augen hingegen in der Mitte
rechts, dann können Sie sich bestimmte Töne
und Geräusche vorstellen, die Sie noch nicht
gehört haben. Wenn Sie Selbstgespräche
führen, dann schauen Ihre Augen nach unten
links. Schauen Sie allerdings nach unten
rechts, dann konzentrieren Sie sich auf Ihre

Gefühle.

Wenn Sie Ihr visuelles Vorstellungsvermögen verbessern möchten, dann hilft Ihnen folgende Übung, bei der Sie angeregt werden, sich im Geiste ein bestimmtes Bild vorzustellen und dieses dann so zu verändern, wie Sie es sich vorstellen möchten. Je öfters Sie dies machen, umso besser werden Sie auch darin und können sich dann Dinge im inneren Auge vorzustellen.

Dasselbe Prinzip gilt auch beim akustischen Vorstellungsvermögen. Stellen Sie sich ein bestimmtes Geräusch vor und verändern es dann anschließend von der Lautstärke her und vom Klang.
Sie können sich eine Fahrradklingel vorstellen, die lauter und leiser wird oder können den Klang höher oder tiefer einstellen.

Sie können auch Ihre Gefühle entscheidend beeinflussen. Sie können sich beispielsweise vorstellen, dass Ihr gesamter Körper ganz schwer geworden ist.
Natürlich wissen Sie dann, dass sich Ihr

reelles Gewicht nicht verändert hat, doch allein mithilfe der Vorstellungskraft können Sie das Gefühl hervorrufen schwerer zu sein.

Wenn Sie Ihre Sinne gestärkt haben, dann wird es für Sie von Mal zu Mal einfacher werden, bestimmte Situationen noch einmal im geistigen Auge durch zu leben oder Sie können sogar ganz neue Situationen erleben und sich dann überlegen, wie Sie sich dabei fühlen würden, wie es sich anhört und wie Ihre Umwelt dabei aussehen würde.

Jemand, der vorausdenkend handelt, kann sich auch ausmalen, in welche Richtungen die Situation verlaufen wird und kann sich gegebenenfalls darauf vorbereiten. So wird er nicht planlos agieren, falls dann wirklich diese Situation eintrifft.

Auch hilft es Ihnen zu entspannen. Wenn Sie sich beispielsweise in einer Situation wiederfinden, in der Sie sich sehr unwohl fühlen, dann können Sie sich einfach an eine Situation erinnern, in der Sie schöne Momente erleben durften.

Sie können diese Gefühlswelt noch einmal durchleben und können so dem Alltagstrott entkommen.
Das hilft unter anderem auch dabei Stress abzubauen. Begeben Sie sich an einen Ort, wo Sie sich frei und wohl fühlen.

Im letzten Kapitel haben Sie gelernt, wie Sie
Bilder vor Ihrem geistigen Auge erscheinen
lassen können.
Diese Fähigkeit kann Ihnen auch dabei
behilflich sein, sich mit alltäglichen Problemen
zu befassen und diese zu lösen.

Damit ist natürlich nicht gemeint, dass Sie
sich ständig in Fantasiewelt aufhalten sollen,
sondern vielmehr, dass Sie in sich ein Gefühl
hervorrufen sollen, mit dessen Hilfe Sie eine
reelle Situation besser durchstehen können.
Dadurch werden Sie wieder eine klare
Sichtweise erreichen.

Wie genau das funktioniert, werden Sie auf
den kommenden Seiten kennen lernen.
Jeder von uns kennt das. Wir haben vielleicht
etwas im Fernsehen gesehen, in der Zeitung,
in der Werbung und diese Bilder gehen uns
einfach nicht mehr aus dem Kopf.

Wenn es sich dabei um positive Bilder handeln würde, dann wäre das ja auch gar kein Problem.
Doch immer mehr, wenn wir die Nachrichten des Tages anschauen, dann sehen wir nur Trauer und Leid. Wenn Sie jedoch wissen, wie Sie Ihre eigenen inneren Bilder verändern können, dann werden Sie die Dinge vielleicht aus einem ganz anderen Blickwinkel betrachten und damit eher klarkommen.

Genauso können Sie auch Töne und Gefühle, die Sie in Ihrem inneren haben, zu diesen Bildern verändern. Auch unangenehme Erfahrungen setzen sich in unserem Kopf als Bild fest.
Wir sehen diese dann ständig vor unserem inneren Auge und durchleben diese Erfahrungen quasi noch einmal.

Wenn wir nicht wissen, wie wir diese negativen Bilder verändern können, dann fühlen wir uns schwach und machtlos.
Doch es gibt eine Möglichkeit, dem entgegen zu wirken und sogar abzuschwächen. Als erstes müssen Sie etwas Unangenehmes

durchmachen, doch es wird Ihnen auf lange Sicht sehr hilfreich sein.

Schließen Sie Ihre Augen und stellen sich das unangenehme Bild ganz bewusst vor. Rufen Sie sich auch die negativen Gefühle in Erinnerung. Diese Gefühlswelt müssen Sie einen Moment lang bewusst zu lassen. Als Nächstes stellen Sie sich einen Fernseher vor, in dem das Bild abläuft.

Verändern Sie nun das Programm so um, dass das Bild nur noch in Schwarz-Weiß zu erkennen ist.
Im nächsten Schritt verkleinern Sie den Fernseher und schieben ihn von sich weg, so dass das Bild irgendwann nicht mehr zu erkennen ist.

Während Sie das tun, sollten Sie gleichzeitig versuchen zu beobachten, wie sich Ihre Gefühlslage zu dieser Erfahrung verändert. Nachdem Sie das getan haben, öffnen Sie wieder Ihre Augen und beschäftigen sich dann mit etwas anderem. Dann gehen Sie noch einmal dasselbe Prozedere durch.

Es kann sein, dass Sie diese einige Male
durchführen müssen, bevor sich das Bild
automatisch in schwarzweißer Farbe zeigt.
Wenn das geschieht, dann kann es sein, dass
sich auch Ihre Gefühle zu dem Bild
automatisch verändern. Es wird Ihnen auch
gar nicht mehr so schlimm vorkommen, wie
vorher.

Sie haben die Art und Weise verändert, wie
Sie mit dieser Information klarkommen
möchten. Sie ist zwar ein Teil von Ihnen, doch
Sie haben einen so großen Abstand
dazwischen, dass Sie sie nicht mehr in Ihrem
aktuellen Leben wiederfinden.
Hauptsache, Sie konnten die Erfahrung
verändern und es besitzt keine Macht mehr
über Sie, um Ihnen schlechte Laune zu
machen.

Genauso, wie Sie die Bilder in Ihrem Kopf
ändern können, so können Sie auch Ihre
eigene innere Stimme verändern, die Ihnen
immer schlechte Laune einredet und den Mut
abspricht.
Jeder von uns kennt diese Stimmen, in der

heutigen Zeit wird sie unter anderem auch Selbstzweifel genannt. Wir können vielleicht einige Dinge nicht so aussprechen, doch dafür kreisen Sie umso häufiger in unserem Inneren.

Manchmal sind es nicht mal unsere eigenen Gedanken, die uns zu schaffen machen, sondern das, was andere Menschen uns versuchen einzureden.

Um die Stimme in Ihrem Kopf zu verändern, können Sie sich alles Mögliche einfallen lassen.

Sie können sich Ihre innere Stimme lustig denken mit einer lustigen Stimme. Sie können aber auch dafür sorgen, dass die Redegeschwindigkeit zunimmt und Sie daher nur wenig mitbekommen können.

Hören Sie genau in sich hinein, um herauszufinden, wie sich Ihr Gefühl verändert, sobald Sie Ihre innere Stimme verändern.

Vielleicht ist die Stimme für Sie nicht mehr so schlimm, wenn Sie sie auf eine bestimmte Art und Weise erklingen lassen.

Auch das Lachen über bestimmte Probleme

ist eine sehr gute Hilfe, um mit ihnen klar zu
kommen. Natürlich ist den meisten bei einer
schlimmen Situation nicht nach Lachen zu
mute. Aber über unsere Probleme zu
jammern, bringt uns auch nicht weiter.
Oft hilft es, wenn wir uns mit einem Freund
über unsere Probleme unterhalten und einen
anderen Blickwinkel einnehmen. Manchmal ist
es jedoch auch so, dass keiner zum Reden da
ist und wir alleine mit unseren Problemen
sind.

Dann können Sie sich Ihrer Vorstellungskraft
bedienen und sich im geistigen Auge einen
guten Freund vorstellen, von dem Sie wissen,
dass er Sie wirklich sehr gerne hat und Ihnen
immer beiseite steht. Es spielt dabei auch
keine Rolle, ob dies ein wahrer Freund ist,
oder jemand, den Sie lediglich ausgedacht
haben.

Sie stellen sich dann vor, wie Sie diesem
Freund Ihr Problem ganz genau schildern.
Ihre Gefühle überwiegen vielleicht noch.
Doch Sie werden feststellen, wie Ihr Freund
Sie anlächelt und das Grinsen in seinem

Gesicht immer breiter wird, bis er sich den
Bauch hält und beginnt, herzhaft zu lachen.
Beobachten Sie sich in dieser Situation selbst.

Wie verändern sich Ihre Gefühle, als Ihr
Freund anfängt, über die Probleme zu
lachen?
Sind die Probleme doch nicht so schlimm, wie
Sie sich dachten? Ist sein Lachen so
ansteckend, dass Sie selbst beginnen zu
lachen?
Vielleicht kann es sein, dass wenn Sie das
nächste Mal wieder einem Problem
begegnen, anfangen zu lachen, weil Sie Ihren
Freund in Gedanken vor sich sehen.

Eine weitere sehr hilfreiche Möglichkeit sich
bestimmten Problemen zu stellen ist Musik zu
hören. Wenn Sie diese Methode zum ersten
Mal ausprobieren, dann sollten Sie sich an ein
kleineres Problem wagen. Stellen Sie sich
zuerst die Situation vor, wo Sie das Problem
haben.

Denken Sie nun an eine bestimmte Musik, die
zu diesem Problem überhaupt nicht passt.

Es könnte ein lustiger Song sein, welchen Sie zu Kinderzeiten gehört haben oder eine aus Ihrer aktuellen Lieblingsserie. Stellen Sie sich noch einmal die Problemsituation vor, aber dieses Mal läuft Sie mit der ausgewählten Musik ab.

Achten Sie darauf, wie sich Ihre Gefühle bezüglich der Situation verändern. Wenn Sie anfänglich noch keine Veränderung verspüren, dann können Sie die Wiederholung einige Male wiederholen, bis Sie langsam merken, dass sich Ihre Sichtweise ändert. Vielen Menschen hilft diese Strategie.

Es ist nützlich zu wissen, wie Sie mit der eigenen inneren Stimme bewusst Bilder verändern und so die Stimmungslage positiv beeinflussen können. Manchmal ist das Problem auch kein wirkliches Problem, sondern vielmehr ein Problem der Wahrnehmung.
Wenn Sie also Ihre Wahrnehmung nur dementsprechend ändern, dann sehen Sie vielleicht auch keine Probleme mehr?

Der Ankereffekt

Viele Situationen, in denen wir uns täglich befinden lösen wie von selbst Gefühle, Gedanken oder sogar Reaktionen hervor. Ein Beispiel hierfür wäre, dass viele von uns bestimmte Wörter mit Szenen aus Filmen oder Liedern verknüpfen.
Jemand in unserer Umgebung muss ein einzelnes Wort sagen und wir haben direkt das ganze Zitat im Kopf. Genau dasselbe geschieht mit Gerüchen. Vielleicht benutzen Sie auf Reisen ein ganz bestimmtes Shampoo.

Wenn Sie dann dasselbe Shampoo auch Zuhause benutzen, dann werden Sie an diese Reise zurückerinnert. Wenn man einmal weiß, dass man die eigenen Sinneseindrücke mit Gefühlen verbinden kann, dann kann man das Ganze auch für sich nutzen.

Beim NLP werden absichtlich gewünschte Gefühlszustände an einem Auslöser verankert. Das führt dazu, dass Sie diesen bestimmten Gefühlszustand auslösen können. Es kann sich dabei um ein Bild, einen Ton, ein Wort oder einen Geruch handeln. Es ist gleichgültig, für welchen Sinneseindruck Sie sich entscheiden. Es funktioniert.

Ein Gefühl, für welches es sich zu ankern lohnen würde, ist die Freude. Wenn Sie es schaffen das Gefühl von Freude an einen bestimmten Auslöser zu verankern, dann können Sie es immer wieder hervorrufen, wenn Sie es denn gerade benötigen.

Um das zu schaffen, müssen Sie sich zuerst eine Situation ins Gedächtnis rufen, in der Sie sich freudig gefühlt haben. Fragen Sie sich anschließend, weshalb Sie sich überhaupt gefreut haben. Wer war dabei? Was haben Sie gemacht? Was haben Sie gehört?

So kriegen Sie wieder das Gefühl, wie es war. Versuchen Sie, das Gefühl so stark zu intensivieren, wie Sie nur können. Sobald das Gefühl am intensivsten gespürt wird, müssen Sie einen Anker lösen.
Das können Sie, indem Sie sich

beispielsweise an einer bestimmten Stelle berühren, ein bestimmtes Wort sagen oder eine eindeutige Geste machen. Das wichtigste an Ihrem Anker ist, dass er unverwechselbar sein muss.

Wählen Sie also keine Geste aus, die Sie ständig machen, sondern etwas Unverwechselbares, was Sie normalerweise nicht so häufig tun. Es sollte sich dabei trotzdem um eine Geste handeln, die einfach durchzuführen ist.

Um herauszufinden, ob das Ganze denn tatsächlich funktioniert, können Sie an etwas anderes denken und dann die Geste durchführen, die das Gefühl hervorrufen soll. Wenn sich dann der gewünschte Gefühlszustand einstellt, dann wissen Sie, der Anker war ein Erfolg. Klappt es hingegen nicht, dann sollten Sie den Vorgang einige Male wiederholen, damit sich das Gefühl wirklich mit der Geste verknüpft wird.

Gefühle zu verankern ist etwas, dass Ihnen sehr oft weiter helfen wird im täglichen Leben.

Es kann Sie beruhigen, hilft Ihnen dabei den
Fokus beizubehalten und auf dem Boden der
Tatsachen zurückzukehren. Eine Situation, die
Sie vielleicht vorher als sehr schlimm erachtet
hätten, betrachten Sie rückblickend ganz
anders.

Wir haben nicht nur Bilder von unseren
Erfahrungen und Erlebnissen, sondern auch
ein Bild von uns selbst. Das Bild hat einen
großen Einfluss auf uns.
Wie selbstbewusst wir sind, wie hoch unser
Selbstwertgefühl ist und wie unsere
Selbstbestimmtheit ausschaut. Wenn Sie ein
glückliches, aktives und selbstbestimmtes
Leben führen möchten, dann ist ein gutes
Selbstwertgefühl unerlässlich. Und auch
dieses Bild können wir in unseren Gedanken
ändern, wie jedes andere Bild auch.
Sobald Sie Ihr Selbstbild ändern, wird sich
auch Ihr Selbstwertgefühl ändern.

Als erstes sollten Sie noch einmal überprüfen,
wie überhaupt Ihr Selbstbild aktuell
ausschaut. Halten Sie es vor Ihren inneren
Augen und fragen Sie sich, ob es mit der

Realität übereinstimmt oder ob Sie sich
eventuell zu streng beurteilen.
Wenn dies der Fall sein sollte, dann müssen
Sie sich bewusst werden, dass Sie einzigartig
sind in dem, wer Sie sind und was Sie tun und
es keinen Menschen auf dieser Welt gibt, der
wie Sie ist.
Daher macht es auch keinen Sinn, sich mit
anderen Menschen zu vergleichen. Sie sind
gut, so wie Sie sind. Um das Gefühl zu
erreichen, etwas wert zu sein, müssen Sie
nicht besonders viel machen.

Um Ihr Selbstbild zu ändern, reicht es bereits
aus, sich selbst mal aus den Augen anderer
zu betrachten. Eines Menschen, der Sie
wirklich von Herzen liebt und dem Sie wichtig
sind.
Diese Person betrachtet Sie mit Liebe, Güte,
Toleranz und Geduld. Versuchen Sie, sich
selbst auf diese Art und Weise zu betrachten
und Ihre Stärken mit positiven Attributen
genauer zu unterstreichen.

Was Sie in diesem Moment sehen, sind
wirklich Sie. Versuchen Sie, dieses Selbstbild

von Ihnen zu akzeptieren.

Es kann sein, dass es nicht nach einer Übungsreihe bereits gut ist, doch durch die ständige Wiederholung wird das innere Selbstbild immer klarer und Sie werden genaue Vorstellungen davon haben, wer Sie sind.

Je öfter Sie diese Übung wiederholen, umso mehr werden Sie sich auch in Ihrem eigenen Körper wohl fühlen. Das sind Ihre ersten Schritte auf dem Weg zu mehr Selbstbewusstsein.

Sie müssen sich immer wieder sagen, dass die Dinge, die geschehen, aufgrund eines Perspektivenwechsels anders wahrgenommen werden können.

Sie können Ihre Wahrnehmung ändern, wann immer Sie es möchten. Sie sind immer Herr Ihrer eigenen Gedanken. Es erfordert nur wenige Schritte und ein wenig Vorstellungskraft und Ihre Sichtweise auf die Welt wird eine andere sein.

Wenn Sie anderen ihre Wahrnehmung
zugestehen, dann werden Sie auch selbst viel
einfacher mit Ihren Mitmenschen klarkommen.
Alles was diese Menschen tun, tun sie nur
aufgrund ihrer eigenen Wahrnehmung und
das erscheint diesen Menschen als der
richtige Schritt.

Bringen Sie diesen Menschen Ihre Akzeptanz
entgegen.

Wie Sie gesehen haben, gibt es sehr viele Möglichkeiten, mithilfe des NLPs seine Sichtweise auf die Welt entscheidend zu verändern.

Ich möchte Ihnen noch weitere Übungen vorstellen, mit deren Hilfe Sie Ihre Glaubenssätze stärken können, noch mehr Selbstbewusstsein aufbauen und den inneren Frieden finden.

Wir beginnen mit den Glaubenssätzen. Es gibt einige Glaubenssätze, die Sie dabei unterstützen werden, Ihre Persönlichkeit zu entwickeln im Beruf, bei Ihrer geistigen und körperlichen Gesundheit sowie bei Ihrer Produktivität.

Picken Sie sich Ihre liebsten Glaubenssätze heraus und wiederholen Sie diese immer wieder, bis Sie es umsetzen.

Positive Glaubenssätze im Beruf:

- Das Geld liegt auf der Straße, ich muss es mir nur holen.
- Es besteht großes Interesse nach meinen Fähigkeiten und Talenten.
- Geld bewirkt viel Gutes.
- Geld ist etwas Schönes und Gutes.
- Es ist gut für mich, Erfolg zu haben.
- Geld bedeutet Freiheit.
- Ich bin erfolgreich in allem, was ich unternehme.
- Ich bin es mir wert, Geld zu verlangen.
- Ich bin mein Gehalt wert.
- Ich bin reich und wohlhabend.
- Ich mache eine großartige Karriere.
- Ich bin ein angesehener Chef/ Mitarbeiter in der Firma.

Geistige und körperliche Gesundheit:

- Ich trinke jeden Tag 2 Liter Wasser.
- Ich bewege mich täglich mindestens 30 Minuten.

- Ich spüre die Energie durch meinen Körper strömen.
- Jede Zelle meines Körpers ist mit Energie gefüllt.
- Meine Energie fließt in alle meine Organe.
- Ich esse täglich frisches Obst und Gemüse.
- Ich gehe täglich spazieren.
- Ich bin erfüllt von Energie und Lebenslust.
- Ich achte auf meinen Körper.
- Ich meditiere täglich 20 Minuten.

Produktivität:

- Ich habe genug Zeit.
- Ich teile meine Zeit gut ein.
- Ich kann es schaffen.
- Das kann ich auch lernen!
- Jetzt erst recht!
- Ich habe bisher jedes Ziel erreicht, dass ich zu einem „Muss" gemacht habe. So wird das auch in Zukunft sein!

Kommen wir nun zum Selbstbild.
Wie sehen Sie sich selbst?
Machen Sie sich Notizen und sorgen Sie
dafür, dass Sie für eine Weile ungestört
bleiben und schreiben Sie folgende Dinge auf
und beantworten diese dementsprechend:

- Wie sind Sie so? Wo liegen Ihre
  natürlichen Stärken, wo Ihre
  Schwächen? Welche (besonderen)
  Eigenschaften haben Sie?
- Schreiben Sie zehn Stärken von
  sich auf. Weiten Sie Ihren Blick und
  schauen Sie nicht nur ins Berufliche:
  Was können Sie ganz gut? Hobbys,
  Talente, Fähigkeiten, schreiben Sie
  auch alles auf!
- Was wollten Sie als Kind werden,
  welche Träume hatten Sie?
- Wofür haben Sie eine Leidenschaft
  entwickelt, in welchen Tätigkeiten
  gehen Sie auf, vergessen Zeit und
  Raum?
- Was fällt Ihnen ziemlich leicht, was
  können Sie immer wieder tun, ohne

dass es anstrengend oder langweilig wird?

- Was zeichnet Sie aus, was macht Sie besonders, was unterscheidet Sie von anderen? Was können Sie besonders gut, was können Sie nicht so gut? Wo liegen Ihre Stärken, Ihre Eigenschaften, Ihre Schwächen?

Ganz wichtig bei dieser Übung: Nicht filtern, möglichst wenig nachdenken, einfach ungeordnet aufschreiben, ruhig komplett auch durcheinander, was Ihnen in den Sinn kommt. Alles, was Ihnen dazu einfällt, ist gut so und darf auf dem Papier stehen.
Es geht nicht darum, ein besonders gutes Bild von sich selbst zu machen, sondern möglichst alles spontan und wertfrei aufzuschreiben.

Nun kommen wir zu einer meiner Lieblingsübungen, dem sinnlichen Wahrnehmen! Bei der Übung der sinnlichen Wahrnehmung geht es darum, Ihren

Sinneswahrnehmungen Ihre volle
Aufmerksamkeit zu schenken.
Wir sind meistens mit den Gedanken ganz
woanders, oder nur halbherzig dabei, wenn
wir eine Aktion ausführen.

Es kommt auch oft vor, dass wir während
einer Tätigkeit schon in Gedanken bei der
nächsten und übernächsten verweilen. In
dieser Übung lernen Sie also, die Dinge völlig
bewusst wahrzunehmen und den Moment zu
genießen.

Vor allem aber nehmen Sie dabei alles fast
mit allen Sinnen wahr. Durch diese
Aufmerksamkeit sind Sie sofort völlig
gegenwärtig und bei sich selbst.

Das, was Sie gerade tun oder genießen, sollte
für Sie bei dieser Übung genauso
atemberaubend und intensiv sein, wie ein
spannender Film.
Wenn Sie mit voller Aufmerksamkeit und
intensiver Sinneswahrnehmung dabei sind,
kann eine für anfangs langweilig gehaltene
Tätigkeit so ähnlich lebendig und intensiv

erlebt werden, wie beispielsweise
Fallschirmspringen.

*Hier folgen einfache Übungen zur intensiven
sinnlichen Wahrnehmung.*

- Nehmen Sie ein Glas klares, kaltes
  Wasser. Betrachten Sie es kurz,
  nehmen Sie dann einen Schluck.
  Spüren Sie, wie das kühle Wasser
  in Ihrer Kehle hinunterfließt . Spüren
  Sie den Geschmack des Wassers
  auf der Zunge. Schmecken Sie den
  Geschmack. Fühlen Sie, wie Sie
  schlucken. Spüren Sie, wie die
  Flüssigkeit durch Kehle fließt. Wie
  das Wasser in Ihren Magen gelangt.
  Nehmen Sie weitere kleine
  Schlucke und bleiben Sie mit Ihrer
  Aufmerksamkeit beim Gefühl des
  Trinkens und des in Ihnen
  hinabrinnenden kühlen Wassers.
  Einfaches Wasser kann genauso
  genüsslich sein, wie Ihr
  Lieblingsgetränk, wenn Sie es

bewusst trinken und genießen, wie
der Durst damit gelöscht wird.

- Kämmen Sie sich Ihre Haare, nicht
  vor dem Spiegel, und spüren Sie
  ganz bewusst in dieses Gefühl
  hinein. Spüren Sie, wie die Haare
  vom Kamm oder der Bürste bewegt
  werden. Spüren Sie, wie der Kamm
  oder die Bürste über die Kopfhaut
  streicht.

- Achten Sie einmal genauso
  fokussiert auf Ihr Essen. Lauschen
  Sie auf die Geräusche beim
  Berühren mit dem Besteck. Fühlen
  Sie Ihre Lippen, Ihren Mund.
  Schmecken Sie bewusst. Kauen Sie
  bewusst. Spüren Sie die
  Bewegungen Ihrer Zunge. Nehmen
  Sie den Geschmack intensiv wahr.
  Schlucken Sie bewusst.

- Wenn Sie Treppen aufsteigen,
  spüren Sie die Bewegung Ihrer
  Beine und die Anstrengung. Fühlen
  Sie das Gewicht, das sich von

einem Fuß auf den anderen
verlagert. Fühlen Sie, wie Ihre
Beinmuskulatur arbeitet. Nehmen
Sie wahr, ob Sie außer Atem sind,
und spüren Sie Ihr Außer-Atem-
Sein. Genießen Sie Ihre eigene
Präsenz bei etwas so einfachem,
wie dem Treppensteigen. Fühlen
Sie die Bewegung Ihrer Hüften beim
Gehen. Spüren Sie Ihren Rücken.

Finden Sie für sich selbst weitere Formen der sinnlichen Wahrnehmung. Halten Sie bewusst inne und genießen Sie mit Ihrem ganzen Körper und mit all Ihren Sinnen bewusst wahr, was Sie sonst eher unbewusst tun.

In diesem Sinne wünschen wir Ihnen viel Erfolg in der Umsetzung. Programmieren Sie sich neu, und zwar so, wie Sie es sich wünschen!

Ihr *Tim Robbins*

Haftungsausschluss

„Die Verwendung der Informationen in diesem Buch und die Umsetzung derselben erfolgt ausdrücklich auf eigenes Risiko. Der Autor kann für etwaige Unfälle und Schäden jeder Art, die sich bei der Zubereitung der Speisen ergeben, aus keinerlei Rechtsgrund die Haftung übernehmen. Haftungsansprüche gegen den Autor für Schäden jeglicher Art, die durch die Nutzung der Informationen in diesem Buch bzw. durch die Nutzung fehlerhafter und/oder unvollständiger Informationen verursacht wurden, sind ausgeschlossen. Folglich sind auch Rechts-und Schadenersatzansprüche ausgeschlossen. Der Inhalt dieses Werkes wurde mit größter Sorgfalt erstellt und überprüft. Der Autor übernimmt keine Gewähr und Haftung für die Aktualität, Korrektheit, Vollständigkeit und Qualität der bereitgestellten Informationen. Druckfehler können nicht vollständig ausgeschlossen werden. Weiterhin beruht der Inhalt dieses Werkes auf persönlichen Erfahrungen und Meinungen des Autors. Der Inhalt darf nicht mit medizinischer Hilfe verwechselt werden."

Impressum